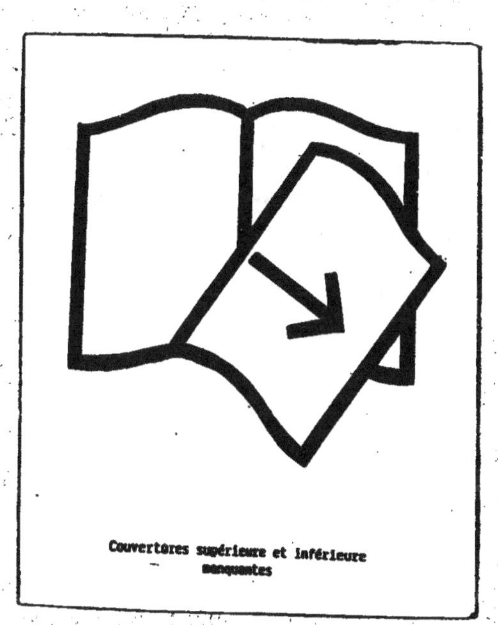

Couvertures supérieure et inférieure
manquantes

COMITÉ DE DÉFENSE ET DE PROGRÈS SOCIAL

Patrie, Devoir, Liberté,

UN PEUPLE PEUT-IL AVOIR

UNE VIE MORALE SAINE

SI L'ÉTAT EN ÉLIMINE LES RELIGIONS ?

PAR

M. EUGÈNE ROSTAND

DE L'INSTITUT

4ᵉ ÉDITION

AU SIÈGE DU COMITÉ

54, RUE DE SEINE, 54

PARIS

UNE VIE MORALE SAINE

SI L'ÉTAT EN ÉLIMINE LES RELIGIONS ?

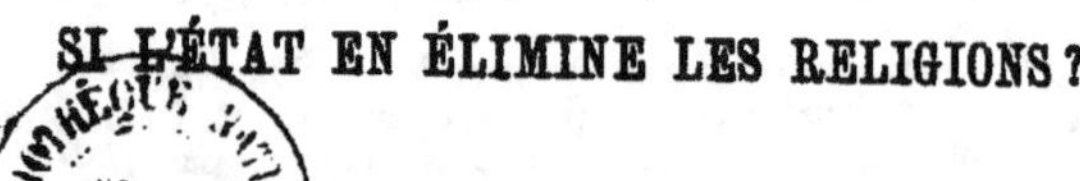

La question.

Aux serviteurs de la science sociale qui fonde ses certitudes ou ses prévisions sur l'observation des réalités et des tendances humaines, comme aussi aux politiques de gouvernement, les faits posent de plus en plus nette, de plus en plus pressante, dans notre pays, cette question : un peuple peut-il avoir une vie morale saine et forte, si ceux qui en ont charge éliminent de sa mentalité les conceptions religieuses et jusqu'aux racines du sentiment religieux ?

Haute question, et grave, qui, envisagée du seul point de vue social, vaut d'être examinée de près par tout Français soucieux de l'avenir de sa patrie.

Nous voudrions pouvoir y appeler particulièrement, pourvu qu'elles se fissent impartiales et objectives, les réflexions des hommes qui ont reçu des majorités électorales une fraction quelconque de la puissance publique, maintenant qu'il leur est devenu impossible de ne pas sentir au fond de leurs consciences peser sur eux une part de responsabilité dans les destinées de la civilisation nationale.

L'État français actuel agit contre les religions positives.

Encore faudrait-il d'abord, dira-t-on peut-être, établir la prémisse. Tel qu'il est conduit, l'État français ne combat point les religions positives ; il entend être neutre entre elles, et tout au plus il les ignore.

Il est vrai que telle fut un certain temps l'attitude de l'État français. Mais peu à peu, d'une neutralité qui n'est correcte que si elle est sincèrement respectueuse, il est passé à une profession officielle d'agnosticisme irrévérent, puis à une hostilité active. Que cette conduite soit utile, inoffensive ou pernicieuse pour une nation, c'est le point à scruter. Mais qu'elle existe, il n'est pas permis loyalement de le nier. Une observation sociale réaliste ne saurait s'abstraire des faits.

Déjà, depuis assez longtemps, l'action législative et gouvernementale, annonçant le dessein dans l'école, dans les tribunaux, dans les hôpitaux, pour les inhumations, de protéger la liberté individuelle, mais excédant ce juste soin, avait pour effet de discréditer les religions dans la pensée populaire. A tout le moins était-elle tendancieuse en ce sens. Mais, de quelque façon qu'on les juge, par quelques causes qu'on les explique, les événements qui ont marqué une période plus récente, la dissolution en tas des congrégations catholiques sans examen de leurs demandes d'autorisation, la brèche ouverte dans la propriété par la confiscation de la leur, l'expulsion de moines et de religieuses par la force, l'abolition du Concordat sans accord avec l'autre partie contractante, la répudiation des engagements synallagmatiques qui s'y trouvaient signés par la France, la mainmise éventuelle sur des biens acquis à titre gratuit ou onéreux sont autant d'épisodes dont on ne peut contester au moins qu'ils

aient fait ou doivent faire apparaître à la foule simpliste les confessions religieuses, et spécialement le
catholicisme, comme des institutions sociales nuisibles, et leurs adeptes comme des êtres inférieurs
bons à traiter en conséquence.

Chaque jour des faits nouveaux accusent cette pesée
d'en haut.

Ce sont les manifestes d'athéisme lancés du Parlement sur le territoire entier (1).

C'est le pullulement des groupes de nihilisme antireligieux et l'encouragement donné à leurs congrès (2).

Ce sont les déclarations de membres mêmes du
gouvernement : tantôt le ministre de l'Instruction publique incite les instituteurs à former « le vrai homme
dont le cerveau n'est pas obstrué du mystère et du
dogme » (3); tantôt le ministre de l'Intérieur se targue

---

(1) Par exemple, à la Chambre, le 10 avril 1905, M. Allard :
« Mon projet tend à déchristianiser la France. Je veux détruire la
religion... Nous ne voulons pas de Dieu, fabricant maladroit d'un
monde raté... C'est pour cela que nous combattons les religions. »
Le rapporteur écarte le contre-projet, mais non le principe. — Le
12 avril, M. Meslier : « Oui, nous voulons faire une déclaration
d'athéisme, faire disparaître de nos institutions et de nos lois le
mot Dieu. » Même attitude du rapporteur. — Le 14 octobre 1906,
un personnage plus qualifié, M. Pelletan, à Salon : « La seule
religion à l'heure actuelle, c'est la nôtre, celle de la justice
sociale. »

(2) Par exemple, pour s'en tenir aux plus récents, et dans un
seul département, le congrès des groupes de Libre Pensée des
Bouches-du-Rhône, à Marseille, le 4 mars 1906, celui des Libres
Pensées du Sud-Est à Arles, le 25 août (demande de remplacer
les fêtes religieuses par celles de la Raison, interdiction statutaire
du baptême des enfants, etc.), celui des Jeunesses laïques, à Marseille, le 6 septembre, celui de la Fédération des Libres Pensées
des Bouches-du-Rhône, à Gardanne, le 23 septembre. Sénateurs
et députés y participent.

(3) M. Briand à la Ligue de l'Enseignement (août 1906). Déjà
M. Chaumié (ibid., octobre 1904) traçait le plan d'un enseignement moral « dépourvu de l'appui et des sanctions dont les religions l'entourent » : il s'en tenait là. Dans les paroles de
M. Briand on ne retrouve plus rien de la neutralité scolaire jurée :
c'est la négation « a-religieuse », mais agressive, et qui s'impose.

de « se refuser à plier sous les dogmes d'en haut » (1) ;
tantôt le chef de l'État répond à un recteur d'Académie
se vantant de préparer « des citoyens qui ne soient
assujettis à aucun dogme » : « Vous émancipez les
consciences et vous libérez la raison (2) », aphorisme
inverse de ceux qui sont familiers à un président de
la République suisse ou à un Roosevelt.

Il est certain qu'en cette démocratie centralisée où
tant de gens tiennent de près ou de loin à l'État, et
plutôt sont tenus par l'État, il est devenu difficile à
beaucoup de témoigner de croyances religieuses,
surtout catholiques (bizarre démenti à la loi des majorités), sans risquer d'en être tôt ou tard punis.

*
* *

En outre des pressions ou influences diverses
exercées par ses guides, l'État français agit non plus
en dehors des religions, mais contre les religions par
l'école publique. Nous parlons principalement de
celle que traverse la masse, de l'école populaire.

Ce qu'on a appelé la crise de l'école primaire n'est
plus niable. Laissons les coups qu'y porte à toute discipline la transmutation des Amicales en Syndicats
et au patriotisme le cheminement de la démence her-
véiste. Tenons-nous au sujet qui nous occupe. Les devoirs envers Dieu ont été rayés du programme des
écoles normales; on réclame que le nom même de
Dieu disparaisse de l'école. Si l'on se défie là-dessus
de M. G. Goyau, de M. A. Albert-Petit, de M. G.
Richard, du périodique solidement documenté *l'Enseignement libre*, qu'on lise simplement la *Revue de
l'Enseignement primaire*, ou qu'on fasse des enquêtes

(1) M. Clemenceau à Draguignan (14 octobre 1906) : il y ajoute
cette désignation des prêtres catholiques « fonctionnaires de
l'étranger », qui serait dangereuse en temps de guerre étrangère
ou civile.
(2) M. Fallières, au recteur Belin (à Aix, 17 septembre 1906).

personnelles : il suffira. Un grand nombre de maîtres, les uns par des attaques ouvertes, les autres par des railleries (1), d'autres par des abus d'autorité, tuent ou éteignent le sentiment religieux dans les consciences d'enfants ; et que peuvent-elles pour se défendre ?

Il y a quelques mois, dans une ville ouvrière, un jeune prêtre de profond savoir et d'âme dévouée, qui nous l'a raconté lui-même, rencontre dans la rue un garçonnet de huit à dix ans, qui l'aborde, une cigarette à la bouche, pour lui demander : « Et Jésus-Christ, va-t-il bien ? » Le prêtre s'était attendu à une insulte : cette froide interrogation indique mieux un état d'esprit qui se répand.

Sur la tombe d'une petite camarade, une fillette récite cet adieu, vraisemblablement dicté : « Pour toi, le néant qui préséda ta naissance a repris son cours (2). »

C'est en signant de son nom et de sa qualité qu'un instituteur écrit dans un journal socialiste : « Quant à être des impies, nous ne nous en défendons pas ; le temps des religions et des fétiches est passé : ni Dieu ni maître, voilà notre devise (3). »

En présentant le projet de loi anglais sur l'école neutre, M. Birrell, président du *Board of Education*, disait, aux applaudissements d'une majorité pourtant radicale : « Exclure entièrement la religion de l'école, bannir la prière qui précède les classes, empêcher le chant de l'hymne familière, c'est une vue qui ne manque pas de logique ; mais je suis convaincu qu'elle a contre elle la volonté de la nation entière. Si

(1) Dans la tonalité de M. Combes, ou de ce toast porté par M. Pelletan, le 14 octobre à Salon : « Nous ne devons pas terminer ce banquet sans élever nos verres au Saint-Esprit qui a inspiré Pie X. »

(2) *Dépêche dauphinoise*, mars 1906.

(3) *Ouvrier syndiqué*, 15 décembre 1905.

on l'interrogeait, elle répondrait : ... Un peuple sans idéal est appelé à périr. C'est dans les pages de la Bible que notre peuple a été habitué à chercher les lueurs de l'idéal céleste qu'il peut posséder. » Une conception contraire domine l'État français actuel, et il en pénètre l'enseignement populaire.

Il emploie dans le même sens toutes les forces que lui assure la centralisation sans limite et sans contrepoids de ce pays. Tout ce qui, dans une mesure quelconque, dépend de lui, directement ou indirectement, est poussé vers l'école orientée comme nous venons de le voir. Nous avions occasion récemment de constater nous-même, dans une région rurale, qu'un collège libre, ancien et réputé, dirigé non point par des congréganistes sécularisés, mais de tout temps par des prêtres séculiers, était abandonné, non sans de vifs regrets, par les familles de petits fonctionnaires d'administrations publiques diverses, qui n'osaient plus y placer leurs fils.

* *

Parallèlement à l'action de l'État par la puissance publique et par l'école, la presse inspirée par les hommes en lesquels il s'incarne en exerce une analogue, toute de vulgarisation.

Elle porte jusque dans les villages les plus reculés la prédication que nous avons vu les puissants distribuer par le verbe et par l'acte, avec le prestige qui s'attache à la force auprès des petits.

Elle présente, arrange, colore les événements en vue du même but.

Elle livre aux plus ignorants, discute sans critique, avec les procédés de la polémique vulgaire, des problèmes que méditèrent dans l'angoisse les plus hautes intelligences de l'humanité, et les tranche. Elle qualifie de superstitions grossières ce qu'ont cru Pascal ou Biot, Le Play ou Pasteur, et en rit.

Elle exploite de rares défaillances individuelles contre les idées.

Elle crée une ambiance où se dissolvent toute foi en l'au-delà, tout idéal de survie, toute explication des énigmes du monde.

Par cette voie aussi, la multitude reçoit toutes faites et s'assimile, avec l'incroyance, le mépris ou l'aversion des religions.

**

La vie morale du pays perdant ainsi sa base naturelle et traditionnelle, la nécessité a été reconnue de lui en offrir une autre.

Comment?

M. Berthelot lui assigne comme « seul fondement certain la raison moderne appuyée sur une connaissance de plus en plus profonde de la nature humaine, de ses instincts de sociabilité, par conséquent de solidarité ». MM. Lévy-Brühl et Durkheim voudraient tirer une éthique de l'histoire des sociétés humaines et ne l'entrevoient constituée que dans un lointain avenir. M. Le Foyer donne à la sienne comme objet « la forme supérieure du devoir, du passage de l'homogène à l'hétérogène, la conciliation du moi et du non-moi, du subjectif à l'objectif, l'accommodation de l'homme au milieu et du milieu à l'homme ». Celle de M. A. Bayet n'a plus aucun rapport avec la morale connue, il faut la mettre en harmonie avec les affirmations de la conscience moderne. M. F. Buisson en a enfin donné (1) une définition autorisée : c'est « la conséquence des idées et des sentiments dont s'inspire une société pour déterminer les droits et les devoirs des individus qui la composent », sans « caractère absolu », évoluant pour « s'adapter aux conditions du temps, du lieu, du régime social »,

______

(1) Au congrès de la Libre Pensée, 5 septembre 1905.

impérative comme « une prescription de la raison à laquelle l'esprit humain se soumet parce qu'il en a reconnu la légitimité et la nécessité pour la société et pour l'individu », trouvant ses sanctions dans « l'accord de sa loi avec la nature humaine et dans les conséquences naturelles qu'entraîne son application ».

Nous ne discutons ici ni ce que valent ces formules, ni si elles peuvent fournir à l'humanité des raisons d'agir ou de s'abstenir. Nous notons simplement la promulgation de ces lois nouvelles parmi les faits qui convergent pour vider la mentalité populaire des conceptions religieuses.

*
* *

Admettons la sincérité de tant d'efforts ; supposons-leur pour unique mobile cette conviction que les religions sont contradictoires à la science et vouées à la caducité. Constater ces efforts, à cela se borne ici notre démonstration.

Si l'irreligion est un progrès, la vie morale du pays a dû y gagner.

L'observation stricte des faits, en dehors de tout dogmatisme révélé ou philosophique, nous a conduit à constater, sous les formes les plus diverses, les efforts de l'État français actuel pour éliminer de la mentalité populaire les conceptions religieuses, et les faire apparaître, surtout la catholique, à la foule simpliste, comme des institutions caduques. Une nouvelle et pleine confirmation vient d'en être fournie, contre la thèse qui attribuait à l'État un rôle de neutralité à l'égard des religions positives, lorsque M. Viviani, parlant comme membre du gouvernement, a dit à la tribune de la Chambre : « Nous avons arraché les consciences humaines à la croyance ;... d'un geste magnifique, nous avons éteint dans le ciel des lumières qu'on ne rallumera plus (1). »

Et au terme de notre notation toute objective s'impose irrésistiblement cette conséquence : si l'élimination des croyances religieuses est un progrès de la civilisation et de la culture, la vie morale du pays renouvelée à d'autres sources doit s'être épurée. et élevée, ou au moins y tendre.

S'est-elle épurée, ou y tend-elle ?

Il y a plusieurs années déjà que les premiers résultats de l'éducation orientée comme nous l'avons vu — un monopole étatiste l'universaliserait — se sont accusés dès la sortie de l'école primaire de manière à troubler et à alarmer certains esprits favorables à cette orientation, mais honnêtes et sincères.

Des appréhensions nées en ces esprits, et en d'autres surtout soucieux de l'opinion ambiante, est issu parmi les organisations dites postscolaires plus d'un patronage à pensée de résistance et de défense.

A qui douterait ou contesterait que tel fut souvent, inavoué, mais réel, le principal objectif des fondations de ce genre, bornons-nous à faire lire cet appel des promoteurs dans une grande ville ouvrière :

La nécessité pressante de remédier aux *maux d'ordre intellectuel et moral dont souffre notre jeunesse scolaire et postscolaire* détermine la démarche que nous faisons auprès de vous.

Dans cette tentative de *thérapeutique de la jeunesse*, nous voyons une œuvre propre à relever le niveau moral de la cité...

Prévenir la jeunesse contre des égarements malheureux, la ramener au droit sentier, n'est-ce pas simplifier la tâche

(1) *Journal officiel* du 9 novembre 1906. — M. Briand a essayé, le 9 novembre, de reprendre la notion d'un Etat a-religieux, et non irréligieux; mais les faits sont là.

1.

du législateur, du juge, des particuliers? Si ce n'est pas réduire le chiffre des devoirs que multiplie le *mal présent*, au moins est-ce les alléger.

L'insécurité dont souffre notre ville, l'*irrespect des lois* poussé jusqu'à l'abandon de toute dignité, *le jeu qu'une catégorie toujours croissante d'individus* se fait de *la vie d'autrui*, tant de perversion n'a pas dû manquer de solliciter votre attention.

Nous avons pensé qu'on obviera à de telles déviations du sens moral par la centralisation de cette jeunesse dans des établissements *ad hoc*...(1).

Ce sont là, pour qui sait comprendre, *des aveux*.

Si l'on en juge par les rapports de M. Ed. Petit, qui s'est voué dans des intentions non moins généreuses à la diffusion de ces œuvres, elles se sont largement développées (2). Au Congrès de la Ligue de l'enseignement en 1905, le ministre de l'Instruction publique confessait que l'école courait des dangers auxquels on ne l'arracherait que par des œuvres de ce genre (3). Rien n'indique qu'elles y aient réussi. Elles-mêmes, et dans la ville même où nous venons de voir à quel degré inquiétait l'état moral notoire de l'adolescence, plusieurs de ces associations revendiquaient en 1905 le droit de chanter ou de faire exécuter par leurs fanfares l'*Internationale* de Pottier (4).

** **

Avançons au delà de cette période qu'on cherche à défendre contre les premiers effets de l'imprégnation reçue dans l'école nouvelle. Suivons dans la mêlée

---

(1) *La Jeunesse scolaire*, de Marseille, « œuvre laïque de patronage scolaire et postscolaire ».

(2) Cf. *l'Enseignement libre*, octobre-novembre 1905.

(3) A Biarritz, 1er novembre 1905.

(4) « On compromettrait toute l'œuvre laïque postscolaire, si on chicanait nos Sociétés sur leur droit de chanter l'*Internationale*. » (Le vice-président des Amis de l'Instruction laïque, 8 août 1905.)

sociale, dont elles forment maintenant le contingent le plus actif, les quelques générations qui y sont arrivées et y arrivent préparées par le travail éliminateur du sentiment religieux.

La vie morale dans ces couches caractéristiques du pays s'est-elle épurée, ou tend-elle à s'épurer ?

Quant à la famille, il n'y paraît pas. Visiblement, la communauté familiale, qu'Auguste Comte nommait « le véritable élément sociologique, le modèle élémentaire de la vie sociale, soit pour l'obéissance, soit pour le commandement », est ébranlée, affaiblie. Ni l'autorité paternelle, ni rien de ce qui peut s'appeler discipline ou solidarité domestique, ne subsiste que de nom ; chacun tire de son côté au gré de l'égoïsme. Quiconque est mêlé au fonctionnement judiciaire sait à quel point se multiplient les divorces, notamment dans les milieux populaires, et bien des partisans du divorce en sont effrayés. « Plus d'un juge », écrivait à MM. Margueritte le président Séré de Rivières (*Temps*, octobre 1905), « commence à ratifier implicitement l'accord des parties. Pour les indigents, ce divorce existe depuis des années au tribunal de la Seine : il suffit de faire défaut pour l'obtenir sans enquête... Le divorce par la volonté d'un seul existe aussi pour les indigents : on le prononce sans enquête quand l'un des conjoints est absent, et s'il revient, il se heurte parfois à un nouveau mariage contracté après un divorce prononcé par défaut contre lui. » Ainsi s'étend de plus en plus la pâle théorie des pauvres femmes abandonnées de leurs maris avec des enfants sans père sur les bras. Une campagne se poursuit pour la consécration légale du divorce par consentement mutuel ou par la volonté d'un seul : des magistrats l'encouragent, un jeune substitut étudie à fond cette « évolution », et il estime que « la tendance de la jurisprudence, si elle méconnaît la pensée législative, répond à une vie moderne suffisant à la rendre légitime (1) ». Entre la dissolution du lien conjugal au gré de chacun des contractants et l'union libre, demeure-t-il une différence sensible ?

Il n'est pas possible d'entrevoir la preuve d'une tendance de la vie morale à s'épurer dans les manifestations qu'en donnent la presse et le théâtre. Aux étalages des kiosques, des débits de tabac, des petites papeteries, des bibliothèques des gares, apprentis, midinettes, étudiants, employés, ouvriers enlèvent les journaux illustrés, les publications soi-disant artistiques, les bas romans, les cartes-postales, qui peuplent l'imagination populaire d'images libertines ; l'affiche provocante force l'attention des adolescents et des enfants ; le feuilleton du quotidien à 5 centimes vulgarise les folies de dégénérés. Au théâtre, sauf de rares exceptions hautes ou charmantes, sur les grandes scènes, les thèses dissolvantes ou sophistiques s'affirment, et sur les petites s'étale l'ineptie graveleuse : il est malaisé de discerner où l'on s'arrêtera, chaque spéculateur en ce genre visant à dépasser ses devanciers. Rien dans ces spectacles ne choque plus le nouveau public : il y court, il s'y délecte de façon très apparente. L'accoutumance à une sorte de nihilisme sur les idées, et aussi à une pornographie tantôt brutale, tantôt raffinée, est devenue si complète que les femmes lisent ou entendent tout sans ombre de gêne, et que les gens les plus sensés finissent par trouver très anodines des œuvres équivoques. Tout blâme est d'ailleurs tourné en dérision, qualifié de bégueulerie pédante ou de radotage « vieux-jeu » ; la campagne courageuse de M. Ad. Brisson, dans le *Temps*, s'est lassée, et ne voit plus d'arme que dans le silence de la critique, silence dont il serait naïf de s'exagérer l'efficacité.

Ce n'est pas un symptôme d'épuration de la vie

(1) *L'Evolution du divorce*, par A. Rol, substitut du procureur de la République, Paris, 1905.

morale que l'abaissement conscient et persistant de la natalité. Les patriotes en ont le cœur torturé, car rien n'est plus menaçant pour l'avenir national, sinon l'indifférence de la masse devant cet amoindrissement fatal de la France. Mais, du point de vue où nous sommes placé, l'aspect nouveau et grave du fait est que la cause principale s'en érige en système. On donne des conférences populaires sur le *néo-malthusisme*, et, sous ce titre même, on écrit :

L'autre jour P. R. traitait à la Bourse du travail un sujet digne d'intéresser le travailleur... Les apôtres de la reproduction hurlent au dépeuplement de la patrie. Mais ceux qui invitent les foules prolétariennes à l'accouplement ont des raisons d'agir ainsi ; par ces mêmes raisons nous devons nous abstenir de procréer beaucoup (1).

... Apprends que la doctrine néo-malthusienne, en honneur chez nos bourgeois à fils unique, est à ta portée ; renseigne-toi près de tes camarades du syndicat qui la connaissent et s'en trouvent bien (2).

... Notre philanthropie, à nous, consistera non à vouloir conserver des charges à des familles d'ouvriers « qui ne devraient pas avoir d'enfants », comme me le disait avec tristesse la malheureuse qui attend son huitième, mais dans une propagande de tous les jours, par les paroles et les brochures, des moyens pratiques d'éviter les grandes familles (3).

Dira-t-on que ce sont là des fanfaronnades vaines ?... A Brest, au cours de perquisitions faites naguère à la Bourse du Travail, on découvrit des objets ayant pour but de fournir les « moyens pratiques » de faciliter la diminution des naissances ; et, en pleine réunion publique, un des meneurs, ouvrier de l'Arsenal, n'hésita pas à affirmer que ces objets se vendaient dans la Bourse du Travail (4), car, ajouta-t-il, « nous

(1) *Ouvrier syndiqué*, 15 mars 1906.
(2) *Ibid.*, 1er septembre 1906.
(3) *Ibid.*, 1er novembre 1906.
(4) *Temps* du 2 juin 1906.

déclarons bien haut qu'il vaut mieux ne pas procréer que procréer des êtres qui seront toute leur vie malheureux sur la terre ».

Ne regrettons pas d'être forcés de prolonger l'étude de ce grand sujet pour en faire le tour, munis de la seule méthode d'observation. Il s'agit d'une question aussi importante que l'expansion des syndicats, le contrat collectif de travail, les assurances obligatoires, ou même que les œuvres utiles du véritable progrès social, — et peut-être s'agit-il d'un point central du problème social, s'il est vrai que pour le bonheur humain, dont n'est pas synonyme le bien-être, les améliorations les plus sérieuses de la condition matérielle deviennent vaines pour des êtres sans force intérieure, sans horizon de survie, sans idéal. Car la « civilisation, a dit Amiel, est avant tout une chose morale. Sans l'honnêteté, sans le respect du droit, sans le culte du devoir, sans l'amour du prochain, tout est menacé, tout croule ; et ce ne sont pas les lettres, les arts, le luxe, l'industrie, la rhétorique qui peuvent soutenir l'édifice. Le sous-sol de la civilisation, c'est la moralité moyenne des masses ».

S'est-elle fortifiée ou élevée, ou y tend-elle ?

Si c'est un progrès de la civilisation et de la culture qu'éliminer de la mentalité d'un peuple les conceptions religieuses, la vie morale de notre pays se renouvelant à d'autres sources a dû en bénéficier. L'enregistrement des faits nous a contraint de constater que rien ne révèle qu'elle s'épure ou tende à s'épurer, et bien au contraire, ni l'évolution de la famille, ni les manifestations de la presse ou du théâtre, ni le cours de la natalité : sur ce dernier point même, les statistiques officielles de 1905 ont apporté une confirmation si douloureuse (1) qu'elle a arraché de toutes parts un cri d'effroi.

Du moins, sans devenir plus pure, la vie morale du pays s'est-elle fortifiée et élevée à mesure que l'État français travaillait à présenter aux masses les religions positives comme des institutions caduques et ennemies? (2)

* *

Nous savons certes, suivant le mot que rappelait naguère M. Bourget dans un noble et délicat discours à l'Académie française, combien de « coins de France » demeurent sains. Mais ce sont les lignes générales d'une analyse psycho-sociologique qu'on doit suivre ici, et c'est une question de comparaison qui est posée, il s'agit de vérifier si la vie morale du pays a gagné en élévation ou en vigueur depuis que les pouvoirs publics s'attachent à la vider du sentiment religieux.

A qui l'examine sans prévention d'aucune sorte il est impossible de n'y pas discerner la généralisation croissante d'un état d'esprit matérialiste.

La plus grande partie de la jeunesse, doutant de tout ou indifférente, se vante de ne plus donner dans les illusions. Elle est atteinte du mal pour lequel a été forgé un mot nouveau, l'*arrivisme*; à l'âge où l'on pèche par excès de désintéressement et goût de fière

(1) Naissances en 1905 : 807.291, chiffre encore inférieur non seulement à celui de 1904, mais à ceux des années antérieures, le plus faible depuis un siècle! La population française s'accroît toujours moins (à peine, cette fois, 37.120 naissances de plus que les décès), et la voilà près de décroître, pendant que les autres nations grandissent. — A noter un point intéressant pour la recherche expérimentale que poursuit cette étude : il n'y a guère d'exception à ce phénomène de décadence que dans les départements où les croyances chrétiennes résistent à la pesée antireligieuse.

(2) Ce ne sont pas ses actes récents, la prise d'assaut des églises catholiques par les troupes d'infanterie et de génie, les inventaires *manu militari*, les poursuites correctionnelles contre les prêtres, qui affaibliront cette impression dans la foule simpliste, dans l'enfance et la jeunesse populaires.

liberté, on la voit flatter les puissants, solliciter leur présence dans ses réunions.

C'est une opinion répandue dans tous les milieux qu'on parvient à tout par les recommandations, et qu'on ne parvient à rien sans elles. Les chefs qui ont le haut souci de ne donner d'avancement qu'au mérite rencontrent chaque jour cette conviction sourde à tout.

Si le talent et le savoir abondent, les caractères sont de plus en plus rares. Pour tout se permettre, il suffit d'être le nombre; nul ne s'en étonne. Il est frappant que la minorité politique, quoique importante encore dans le Parlement et énorme dans la nation, semble atrophiée (1).

A tous les étages de la société règne la passion de la jouissance rapide avec un minimum d'effort.

En haut, un luxe intensif, diffusé par la manie égalitaire.

En bas, un objectif dominant : réduire toujours davantage le travail, qu'au contraire la science démontre être une condition de santé, et obtenir, à l'âge le moins avancé possible, une oisiveté pensionnée. On maxime le goût de la paresse. En dehors des lois qui y tendent, remarquez combien de gens d'aspect populaire flânent dans les bars, les cafés-concerts, les rues, aux heures où nous travaillons; ce n'est pas misère puisqu'ils dépensent; le jour de la catastrophe du Vélodrome, il y avait des ménagères parmi les victimes. L'égoïsme individuel s'augmente et s'excuse de l'égoïsme de classe. L'un et l'autre n'ont que des préoccupations d'argent. Ecoutez les conversations de marchands, d'artisans, d'ouvriers : le suprême bonheur à leurs yeux est ce que leur argot appelle « avoir de la galette ».

N'est-ce pas un exemple du même ordre que vien-

(1) Comparer les Cinq, sous l'Empire.

nent de donner les parlementaires, majorant leurs indemnités personnelles?

Même dans les petits centres, ou au village de plus en plus déserté, les douces mœurs que décrivent en ce moment les *Mémoires* de Mistral disparaissent : les ruraux jouent et s'alcoolisent, en discutant la politique de l'envie, dans la rancœur du magnifique labeur agraire.

Des symptômes plus aigus fusent de temps à autre, révélant le mal interne. Tantôt des infirmiers d'hôpitaux marchandent comme malsain leur séjour dans les salles de malades et abandonnent le service (1). Tantôt les matelots du *Liban*, qui coule, prennent la fuite : « Les officiers appellent leurs hommes, prières et menaces sont vaines : quelle ne fut pas ma surprise, dit le rapport du commandant du *Balkan*, quand la première embarcation chargée de naufragés se présenta à mon bord, de reconnaître en ceux qui la montaient les matelots du *Liban!* Ma surprise se changea en dégoût quand je les vis prendre d'assaut mon échelle de coupée avec leur sac sur le dos : je me précipitai, et je dus les menacer de les jeter à la mer (2). » Tantôt les parieurs de Longchamps, croyant voir leur enjeu leur échapper, renversent, brisent, incendient tout, se ruent sur l'or et les billets de banque (3).

*
* *

La même conception de la vie se trahit dans l'inaptitude à la supporter dès que le malheur l'assombrit.

C'est une fausse vue que de croire le christianisme

(1) 2 février 1905, à Marseille. La commission qui laïcisa les hôpitaux se voit forcée de reconnaître que « les sœurs dont l'internat était complet passaient dix heures dans les salles sans payer un plus large tribut à la maladie », et le prouve par « les nombreuses retraites servies à l'ancien personnel religieux ».

(2) Plaidoiries dans le procès du *Liban*, 23 février 1906.

(3) 14 octobre 1906.

une doctrine de passivité : toute l'histoire démontre le contraire. Mais à la créature atteinte par les épreuves plus ou moins graves de la condition humaine, il inspire la résignation. La résignation, on la tient en mépris. D'éminents esprits (mieux vaut ne les point désigner) encouragent cette tendance en refusant d'admettre que la souffrance soit inévitable ou qu'il y ait une vertu dans les larmes. On accuse les religions de pousser l'homme à subir les iniquités sociales en lui faisant entrevoir au delà du monde terrestre des compensations décevantes : débarrassé des dogmes, il sera invincible. « Si ce dieu, s'écriait l'an dernier M. Briand, a été jusqu'à présent impuissant et courbé sous les fardeaux de la vie, c'est parce que le mensonge et l'ignorance l'enchaînaient; à nous de le libérer (1). »

Rien dans les réalités ne prouve que l'homme soit plus fort ou mieux armé contre la douleur ou l'indigence lorsqu'il ne croit plus en un au delà de réparation et de justice. Les suicides se multiplient. Et en dehors de ceux qu'amènent des passions sans frein ou la fatigue de vivre, ou des morts volontaires d'enfants, effrayante énigme, beaucoup ont pour cause la maladie ou la pauvreté, dont un François d'Assise ou un Pascal firent leur joie, et qu'on ne peut plus supporter. Les plus caractéristiques sont les suicides collectifs, souvent compliqués de meurtres : le 21 juillet 1905, à Nîmes, une repasseuse meurt avec deux fillettes; le 19 août, à Paris, un coutelier se coupe le cou après avoir tué sa femme et ses trois enfants; le 22 septembre, à Dunkerque, un pêcheur se noie avec sa femme et son fils; hier encore, à Béziers, un courtier s'asphyxie avec sa femme et sa fille. Tous déclarent vouloir échapper et soustraire ceux qu'ils aiment à la misère.

(1) A la Ligue de l'Enseignement, août 1906.

∗

Aussi incontestable que ces faits est le fléchissement de la moyenne du sens moral.

On crie : respect aux lois. Et parmi ceux qui le crient le plus fort, remarquait naguère un sociologue peu suspect de médire de son temps (1). voici les législa- teurs qui témoignent leur respect des lois en participant comme combattants ou témoins aux duels illégaux, les maires en présidant les tauromachies délictueuses, les grévistes en incendiant les usines, en dynamitant les maisons des Jaunes, en tuant officiers ou soldats à coups de briques.

Le secret des instructions criminelles, si sacré et qui s'impose, n'existe plus.

De brillants esprits donnent l'exemple du déséquilibre. Un certain parisianisme puéril disserte sans fin sur les plus chétives productions d'un théâtre corrupteur. Un maître de la scène, inaugurant la statue de Dumas fils, s'écrie (2) : « Nul peuple ne pourra offrir à l'admiration du monde une place comparable à celle des trois Dumas », sans se demander ce que penseront les étrangers. M. Barrès, en pleine *Revue des Deux Mondes*, affirme « trop certain que la vie n'a pas de but », et s'extasie « sur le type d'humanité supérieure que constitue Sparte précipitant du rocher des Apothètes les enfants mal venus » (3); franchement, le christianisme a fait mieux.

Les aberrations publiques ne se comptent plus : elles ont fait naître un genre de satire par la plume ou le crayon dont M. Maret et M. Forain sont représentatifs. Le Conseil municipal de Paris décide de dresser dans un parc populaire la statue du monstrueux Marat (4). Des multitudes frénétiques se ruent

(1) M. Ch. Gide (*Emancipation*, octobre 1906).
(2) 12 juin 1906.
(3) 1er janvier 1906.
(4) Juillet 1906.

autour d'un automobiliste en course : il est porté en triomphe, félicité au nom de l'Etat, comme s'il avait repris l'Alsace (1).

Les fraudes de tout genre, vols, faux, détournements, se multiplient, notamment dans les banques. Ce qui est pire, c'est l'attitude du public et des jurys. On reproche immanquablement aux victimes d'avoir « tenté » le coupable. Qu'on se rappelle tant d'acquittements scandaleux, les interminables articles avec portraits que des journaux avares d'espace pour les propagandes utiles consacrèrent aux Humbert ou à Galley, et quand celui-ci fut ramené de Bahia, la foule clamant: « Vive Galley ! Vive Merelli ! (2) » Tout un cabotinisme s'est créé pour le mal et le faux.

*
* *

Qu'en est-il d'un des plus grands sentiments de l'humanité, et des plus universels, le patriotisme ?

Quelle place tient la négation de l'idée de patrie dans la crise de l'école, il est inutile de le redire. On sait comment le fondateur de l'*Ecole patriote*, M. Bocquillon, fut conspué au Congrès des Amicales (Lille, 28 août 1905). Il est naturel que la jeunesse soit atteinte. Au Congrès des Jeunesses laïques à Tours (sept. 1905), on déclare que « l'idée de patrie ne répond plus aux sentiments de citoyens imbus de l'esprit laïque ». « Toutes les religions abrutissent », dit M. Hervé au Congrès des ouvriers métallurgistes, « celle du drapeau comme les autres » (sept. 1905). Au procès antimilitariste (décembre 1905), les accusés se vantent d'avoir conseillé aux soldats de tirer sur

____

(1) « Des chapeaux en l'air, Brasier porté en triomphe, Théry étouffé par l'enthousiasme de la foule : des gens, se tenant par la main, dansaient en rond » (juillet 1905). — Le ministre (M. Barthou) admire l'héroïsme : « le mot n'est pas trop fort, je vous apporte les félicitations du gouvernement de la République ». La foule acclame, les femmes jettent des fleurs. (Circuit de la Sarthe, 26 juin 1906.)

(2) Octobre 1905.

les officiers, certains témoins professent la même opinion, M. Jaurès et M. Gohier justifient ou excusent. Au cours des manœuvres dans l'Yonne (sept. 1905), un maire insulte les officiers : « Je regrette qu'il n'y ait pas de grève près d'ici, nos soldats mettraient tous la crosse en l'air. » (sept. 1905). La Fédération socialiste de la Seine vote la suppression de l'armée (sept. 1906). Le Congrès socialiste de Limoges vote (4 nov. 1906) le refus de tout crédit pour la guerre, la marine, les colonies, en cas de guerre la grève générale et l'insurrection. Les Bourses du travail font cette propagande par tous les moyens, comités du Sou du soldat, conférences, théâtre (1)...

*
* *

Non, il n'est vraiment pas possible de constater que la vie morale du pays, depuis que l'Etat travaille à l'imprégner et à l'imbiber d'irréligion, se soit fortifiée ni élevée.

Contre-épreuve par la face négative de la vie morale.

Qu'à l'effort de l'Etat français actuel pour éliminer de la mentalité populaire les conceptions religieuses la vie morale du pays soit devenue plus saine, plus noble, ou plus vigoureuse, c'est ce que les faits observés ne nous ont pas permis d'entrevoir ; ils nous ont contraint de constater le contraire. Essayons d'une dernière exploration, qui sera comme une *expérience de contrôle* : vérifions ce qu'il en est de la vie morale du pays sous la face négative, la face sombre.

S'il est exact qu'à l'entreprise poursuivie pour réaliser ce que les chefs, violents ou même modérés, de l'Etat français actuel appellent l'affranchissement

---

(1) A celle de Marseille, fête antimilitariste et révolutionnaire pour les conscrits (31 janvier 1904) : représentation d'*Assassiné* ou le *Permissionnaire* (30 septembre 1906).

des dogmes corresponde ur avancement dans la civilisation, il se sera traduit, quant à la criminalité, et
surtout quant à celle des quelques générations dont
une grande partie déjà a été libérée, par un amende-
ment corrélatif.

La criminalité a-t-elle décru
ou s'est-elle adoucie?

La criminalité générale a-t-elle décru, ou s'est-elle
adoucie ?

Qu'elle n'ait pas décru, qu'elle ne se soit pas adoucie,
et plutôt qu'elle se soit aggravée par la fréquence
comme par les modes, c'est ce dont chacun s'assure
depuis plusieurs années par les précisions que lui
révèle quotidiennement la presse. Journaux parisiens
ou des départements, on peut dire qu'il n'en est pas
un numéro qui n'apporte un flot de récits sanglants :
« C'est tous les jours la même chose », dit le *Temps*
après avoir énuméré les sinistres faits divers de vingt-
quatre heures (1). Les journaux du 26 décembre 1906
relevaient à Paris dans la nuit quinze meurtres, dont
plusieurs suivis de mort (2). Dans les grandes villes,
les bandes organisées de ceux qui s'enorgueillissent
du nom d'Apaches nous ramènent à une sorte d'état
sauvage. Les détails publiés des crimes trahissent
des audaces, des cynismes, des cruautés, et aussi des
inconsciences extraordinaires. Une récente instruction à Paris actualise ce témoignage qualifié (3).

L'avortement criminel passe dans nos mœurs. Il y a
quelques mois, un chirurgien des hôpitaux me contait
son indignation. Toutes les semaines, des femmes qui
se sont fait avorter passent dans son service; aucune honte
ne les retient; elles vous initient à leur crime aussi simple-

(1) 27 novembre 1906,
(2) *Journal* du 26 décembre 1906 et *Temps* du 27.
(3) *Science et Spiritualisme*, par le docteur Ch. Fiessinger,
correspondant de l'Académie de Médecine. Paris, Perrin, 1907.

ment qu'elles vous renseigneraient sur le temps qu'il fait ou les occupations de leur ménage. Le docteur Doléris (1) a dénoncé l'impunité du crime et sa fréquence qui s'accroit tous les ans (2). *Depuis sept années le chiffre des avortements a plus que triplé;* ce qui constitue, ajoute M. Doléris, un phénomène de nature à impressionner, c'est la liberté, l'inconscience, et presque la publicité d'actes qui se dissimulaient naguère avec les précautions les plus grandes.

Il y a cinq mois (3) le préfet du Rhône, conduisant à Lyon les obsèques d'un commissaire de police assassiné, prononçait cette parole grave : « *L'armée de l'ordre ne lutte plus à armes égales* avec l'armée du crime. » Et le maire de Marseille, sur la tombe d'un gardien de la paix massacré, répondait : « La constatation est pénible, il faut la faire cependant : *l'armée du crime grandit partout,* en nombre et en audace : les femmes, les enfants, les vieillards ne trouvent plus grâce devant elle ; elle vole pour jouir, elle tue pour tuer ; elle s'étend sur les villes, les bourgs, les campagnes ; que les pouvoirs publics s'inquiètent enfin... »

Cette impression est tellement généralisée qu'on vient de voir le jury, si souvent débile jusqu'au scandale, adresser coup sur coup au ministre de la Justice deux pétitions dont on peut discuter la conclusion, - mais non les constats :

Les jurés soussignés ayant siégé pendant la session close le 10 novembre 1906, émus du nombre des assas-

(1) *Bulletin de la Société d'obstétrique, gynécologie et pédiatrie :* statistique sur l'avortement, par J. Doléris, accoucheur à l'hôpital Boucicaut ; février 1906.

(2) Ceci est l'aboutissement du *néo-malthusisme* que nous avons noté parmi les indices de corruption de la vie morale. A joindre à ces indices la *Ligue pour la dépopulation,* qu'on nous signale : « elle a un bureau, organise des conférences, publie un journal, *la Régénération;* elle connait les moyens d'éviter les grandes familles .. Un député chargé d'un enseignement officiel a présidé le 20 novembre 1905, une conférence publique de la Ligue ». (Fiessinger, *ibid* '

(3) Septembre 1906.

sinats qu'ils ont eu à juger, émettent le vœu que la peine de mort ne soit pas rayée de nos lois pour que la crainte de ce châtiment retienne *le développement toujours croissant de la criminalité en France.*

... Les jurés soussignés, ayant siégé pendant la session de décembre 1906, se sont réunis ce jour au Palais de Justice, et après s'être concertés, vu *l'augmentation effrayante de la criminalité*, considérant que des crimes effroyables sont journellement commis par des individus qui s'en glorifient à l'audience et répondent au verdict de culpabilité par un ricanement ou une injure, vous supplient de demander énergiquement le maintien de la peine de mort (1).

Croit-on ces jurys timorés ? On ne récusera pas deux experts émérites dans la recherche des crimes. M. Goron, ancien chef de la Sûreté : « Durant les huit ans que j'ai rempli ces fonctions, *il y avait certainement moins de crimes :* ceux qu'on appelle maintenant les Apaches avaient bien moins fréquemment les fantaisies sanguinaires que la presse a à raconter presque tous les jours. » Et M. Jaume, ancien inspecteur principal du même service : « *La criminalité est en progression effrayante* » ; c'est le mot même des jurés d'Aix (2).

Contre ce cri universel on a essayé d'objecter des statistiques administratives. Nous avons, il y a trois ans (3), raconté comment on les vit en 1897 marquer une chute subite et énorme dans le nombre des poursuites, comment depuis lors elles maintiennent des chiffres sans variations bien notables, comment la difficulté de concilier de tels résultats avec l'évidence des faits amena à y regarder de plus près ; des documents officiels eux-mêmes nous avons dégagé l'explication de l'énigme tendancieuse, transformation de beaucoup de crimes en simples délits

(1) Aix, 10 novembre et 15 décembre 1906.
(2) *Journal*, 4 novembre 1906.
(3) *Journal des Débats*, 16 février 1904.

(183.189 prévenus en 1900, 213.882 en 1905), relâchement de la répression à tous les étages, surtout multiplication incroyable des *affaires impoursuivies* : de 225.680 pendant la période 1881-1885, elles montaient en 1901 à 316.051. La progression a continué : 319,213 en 1902, 321.014 en 1903, 330.594 en 1904 (1). Et il faudrait ajouter les *abstentions de poursuites*, qui ne ressortent nulle part...

Ce que nous indiquions dès 1901, des voix le reconnaissent maintenant qu'on ne peut certes soupçonner de pessimisme. C'est M. Clemenceau lui-même qui, à Draguignan, le 14 octobre 1906, s'est écrié : « L'économie sur les détenus est-elle le résultat d'un abaissement de la criminalité ou d'une insuffisance de la répression ? Voilà ce qu'il faudrait savoir. En 1896, nous trouvons 87.073 affaires dont les auteurs sont restés inconnus, tandis qu'en 1904 (je n'ai pas les chiffres de 1905 , il y a 103.419 crimes ou délits (2) dont les auteurs échappent à toute répression. » Double aveu, implicitement, de la marche ascensionnelle de la criminalité, directement de l'impuissance (malgré toutes les ressources de l'outillage moderne) à protéger la collectivité contre le crime impuni.

---

(1) *Comptes généraux de l'administration de la justice criminelle* pour les années 1900, 1901, 1902, 1903, 1904. — Pour 1905, la rubrique *Affaires classées sans suite* a été substituée à celle d'*Affaires impoursuivies*, mais probablement sans identité exacte de sens, car les nombres rappelés pour les années 1901 à 1904 ne correspondent plus aux nombres fournis antérieurement pour ces exercices. Ce changement, que n'explique d'ailleurs aucune des modifications de méthode annoncées par le rapport du 5 mars 1907, n'est pas pour faciliter les recherches. En tout cas, la nouvelle rubrique n'accuse pas une progression moins continue : les *affaires classées sans suite*, de 302.259 en 1901, arrivent à 315.368 en 1904, et montent encore en 1905 à 321.015.

(2) M. Clemenceau se trompe, en moins : c'est 105.998 que donne le *Compte général* pour 1904, à l'article *Auteurs inconnus*, qui en était, en 1881-1885, à 64.112. En 1905, ce nombre monte encore, il est de 107.710. Le rapport du 5 mars 1907 qui commence à faire certains aveux sur la marche ascensionnelle de la criminalité, signale cette augmentation du nombre des *Auteurs*

*
* *

Du moins, qu'en est-il de la criminalité juvénile, celle des contingents humains dont l'État a émancipé des religions une large part, peut-être la plus large? Pour une investigation scientifiquement conduite, il ne suffirait point qu'elle n'eût pas empiré, s'il est vrai qu'un progrès dans le bien ne peut avoir pour effet une stagnation dans le mal. Cette criminalité-là a-t-elle diminué, ou s'est-elle atténuée ?

Ni l'un ni l'autre.

C'est l'inverse : elle s'est aggravée, numériquement et psychologiquement.

Ici, si les opinions sont diverses sur les causes et les remèdes, tout le monde confesse le mal. Elles-mêmes, les statistiques lénitives, tout en indiquant « qu'il est maintenant de règle d'éviter le renvoi des mineurs en police correctionnelle » (*Compte* 1903), montrent que le nombre des prévenus de moins de vingt et un ans a passé de 20.000 en chiffres ronds en 1880 à 34.804 en 1903. Et ici encore, que de non-poursuites !

« L'augmentation de la criminalité juvénile épouvante », écrit le docteur Thulié, vice-président du Conseil supérieur de l'Assistance publique (1).

De tout temps, on connut des cas de perversité précoce, mais exceptionnels, relevant de la tératologie morale; aujourd'hui, le domaine de cette tératologie-là s'étend de plus en plus.

Tenons-nous à quelques exemples, sans même remonter en deça de deux ans :

Avril 1903 : à Limoges, une centaine de garçons de 13 à 18 ans, portant le drapeau noir de l'anarchisme, mettent le feu chez M. Haviland; — à Marseille, un

inconnus comme le « signe d'une situation fâcheuse », et y insiste.

(1) Préface à *Maisons de réforme et Colonies pénitentiaires* de M. E. Prévost.

apprenti verrier de 14 ans transperce la gorge d'un camarade. — *Mai :* à Paris, on condamne un souteneur de 16 ans, qui vit de la prostitution d'une fillette de 13 ans et commande une bande de maraudeurs ; — le jeune Nury étrangle une femme et un vieillard. — *Juin :* à Paris, un jeune homme de 19 ans, qui à 15 ans avait poignardé un malheureux, tue un gardien de la paix ; — à Aix, on juge pour meurtre analogue huit accusés de 18 à 22 ans ; — à Nogent, un gamin de 18 ans éventre une victime. — *Juillet :* à Marseille, des voleurs de 13 à 15 ans volent en plein Palais de Justice. — *Août :* à Paris, quatre accusés de 17 à 21 ans ont assassiné à coups de revolver un garçon de 17 ; — à Marseille, un fils de 18 ans tue son père. — *Septembre :* à Paris, une bande d'imberbes, le « Jésus du Sébasto » (20 ans) et un camarade de 19 ans étranglent un pauvre vieux ; Jojo (16 ans) égorge sa tante ; un ami (21 ans) frappe à mort un ami ; — à Marseille, on arrête huit voleurs de 17 à 20 ans et deux meurtriers de 16 à 19 ans. — *Octobre :* à Bordeaux, deux enfants de 11 ans déterrent et mutilent de petits cadavres « pour s'amuser », et en donnent la chair à manger aux canards ; — à Paris, un jeune homme de 20 ans terrasse un malheureux, à qui un complice de 17 ans coupe le poignet, puis tranche la tête. — *Décembre :* à Courbevoie, on incarcère quatre voleurs de 18 à 21 ans.

Janvier 1906 : à Saint-Denis, quatre assassins de 18 à 23 ans étranglent une femme ; — à Saint-Ouen, d'autres qui n'ont pas 20 ans saccagent un hôtel et tuent à coups de couteau un musicien ambulant. — *Février :* à Aix, on juge quatre jeunes gens de 17, 18, 20 ans, qui, en plein jour, ont tenté de tuer une femme pour la dévaliser ; — à Marseille, un certain nombre de pupilles de l'Assistance publique (hospice Sainte-Marguerite), de 13 à 19 ans, refusent tout travail, terrorisent le quartier, se révoltent, terrassent un surveillant. — *Avril* : à Asnières, un adolescent (16 ans) tire des coups de revolver sur un camarade qui ne veut pas lui céder une bicyclette. — *Juillet* : la Cour d'assises d'Aix juge deux apaches, l'un de 17 ans, l'autre de 22 ans qui a déjà treize condamnations. — *Août* : à Marseille, un gamin de 16 ans tue un mousse. — *Septembre* : à Paris, deux frères assassinent une vieille impotente qui les protégeait, et celui des deux qui a suggéré le forfait n'a que 13 ans; un chef de bande, à 19 ans, tue un employé « pour tuer quelqu'un avant de se coucher »; — à Vincennes, on arrête pour vol et meurtre des jeunes gens de 20 ans qui, depuis des mois, terrorisaient Saint-Mandé et Charenton. — *Octobre* : à Aubervilliers, une quinzaine de bandits, dont le plus âgé n'a pas 20 ans, attaquent successivement à coups de poignard trois passants, dont l'un succombe; — à Paris, un garçon de 20 ans tire six balles sans motif sur une fille. on en arrête un autre de 17 ans qui a tué, un enfant de 10 ans terrasse une fillette pour la détrousser, deux fillettes de 6 et 8 ans disparues sont retrouvées en compagnie de gamins de 10 et 12 ans avec qui elles volent; à Pantin, on arrête cinq apaches de 17, 18, 19 ans, dont le chef, à 17 ans, a déjà subi deux condamnations pour meurtre; — à Saint-Denis, on incarcère cinq affiliés de la bande des « Souliers jaunes », ils ont 18, 19, 20 ans. — *Décembre* : la Cour d'assises de l'Aveyron condamne aux travaux forcés à perpétuité deux voleurs assassins imberbes; — à Marseille, un ouvrier de 17 ans tire cinq balles sur un camarade.

Janvier 1907 : à Aubervilliers, une jeune fille de 15 ans assomme son père, que le fils (19 ans) achève d'un coup de couteau dans le cœur...

*
* *

La contre-épreuve par la face négative donne ainsi

le même résultat que l'observation par le côté positif :
la vie morale du pays, à mesure que l'État a travaillé
à en extraire les conceptions religieuses, 1° n'a rien
gagné, 2° a perdu beaucoup, surtout dans les contingents humains qui ont grandi parallèlement à ce travail.

Conclusions

Des séries de faits que la méthode d'observation
nous a contraint d'enregistrer, sans à-peu-près, sans
hyperboles moroses, tous pris en pleine réalité
vivante et précis, il reste à dégager, non pour les
croyants des religions, mais pour les philosophes
sociaux et les politiques, les conclusions que leur
faisceau impose.

Entre ces faits et l'effort irréligieux de l'État, le lien
serait-il de coïncidence, ou est-il causal ? On admet-
trait avec soulagement la première hypothèse s'il
s'agissait d'un simple arrêt dans le progrès, ou de
maux *partiels* et *intermittents*. Mais ce que nous avons
constaté, ce n'est pas seulement que la vie morale du
pays n'a rien gagné depuis qu'on s'attache à la
vider du sentiment religieux, c'est aussi qu'elle a
perdu beaucoup ; d'autre part, les faits notés sont
généralisés et *permanents*, ou plutôt ils *s'étendent* et
s'accentuent à mesure que *s'élargit* et *s'intensifie* l'effort
irréligieux. Le théorème social du bon sens universel,
l'arbre se juge à ses fruits, n'est donc pas notre argu-
ment : c'est par nécessité scientifique qu'il est impossible de contester la relation de cause à effet dans l'es-
pèce.

L'expérience serait-elle ici en désaccord avec la
raison ?

Rationnellement, un peuple qui n'a souci ni de
son origine, ni de ses fins, et à qui rien n'explique sa
destinée, ne peut être qu'en désarroi mental. Un
ancien ouvrier autodidacte, M. Deherme, disait un

2.

jour au milieu d'idées bien mêlées : « Ne biaisons pas.
Au nom de qui commande-t-on au peuple le devoir?
Les cieux sont vides, il sait que sa vie n'aura aucune
compensation ultraterrestre : que lui importent vos
exhortations de moralistes, vos prévisions d'hygié-
nistes? » — Au fond, c'est le même aveu qu'a fait
M. Viviani quand il s'est écrié : « Qu'est-ce que vous
voulez répondre à l'enfant devenu un homme qui a
profité de l'instruction primaire complétée par les
œuvres post-scolaires de la République pour con-
fronter sa situation avec celle des autres? à un homme
*qui n'est plus un croyant grâce à nous, que nous avons
arraché à la foi*, à qui nous avons dit que le ciel était
vide de justice, quand il cherche la justice ici-
bas? » (1). — Et, peut-on ajouter, que répondre, fus-
sent-ils riches, au malade incurable, à la victime d'une
catastrophe, à qui perd par la mort ceux qu'il aime ?

Rationnellement, les religions, et surtout le christianisme, étant des écoles de *maxima* de vertus (nous
parlons de ce qu'elles enseignent, le reste dépend des
hommes), ne peuvent que perfectionner l'être, en res-
treindre les impulsions mauvaises, vulgariser le bien.
Elles condensent ce que rappelle Ruskin : « Cou-
tumes aimées, traditions admises, tout ce qui depuis
des siècles a pénétré au cœur de l'homme, lui appor-
tant un secours précieux ; foi qui a guidé la vie et
scellé le départ d'innombrables âmes ; prières qui de
la bouche du père à celle de l'enfant distillèrent leur
onde bienfaisante ; espérance qui dévoile le but de la
vie et en dirige la force, illumine les derniers regards
et inspire les paroles des mourants ; charité qui a
forgé des chaînes de pitié, des aspirations de com-
munion entre le monde et l'impénétrable ; esprit des
morts indiquant la ligne qu'ils ont suivie et qui leur
a apporté la paix... » (2). Hier, à l'Université de Rome,

(1) *Journal officiel*, 9 novembre 1906, p. 2133.
(2) *Les Pierres de Venise*.

dans un admirable discours plein de recherches d'une savoureuse nouveauté sur la liberté de conscience, un puissant et libre esprit, qui est aussi un grand homme d'Etat, Luigi Luzzatti, retraçait la fraternité d'idéal qui unit les religions pures, « les bienfaits moraux qui sont leur patrimoine commun, respect tendre des parents, douceur, charité, tempérance ». A tous le catéchisme catholique apprend cela, et la bonté, l'obéissance aux autorités justes, l'humilité, la patience, la résignation, l'amour de ses semblables, même de ses ennemis, l'active compassion qui instruit les ignorants, console les affligés, soigne les souffrants, et l'esprit de sacrifice, et non seulement l'acceptation vaillante, mais la joie héroïque de la pauvreté (1).

Rationnellement, ces vertus doivent faiblir (comme nous avons vu qu'en fait elles ont faibli) dans une race où décroissent, avec l'idéalisme religieux, le sens de la responsabilité personnelle devant un juge éternel et de la fraternité terrestre qui, par la paternité divine, lie les hommes les uns aux autres. Sans cet idéalisme, même la prospérité devient occasion d'envie et de haine, même le développement intellectuel devient principe d'égoïsme et d'indiscipline, donc dangers sociaux. A chaque instant, la presse irréligieuse se plaint ou s'irrite de tel ou tel des désordres que nous avons notés, mais sans en essayer une explication. Un organe du syndicalisme socialiste (2) déplorait récemment que les jours de fête soient caractérisés « par la satisfaction de besoins factices, par des ripailles où l'alcool fournit un important et abrutissant concours », au lieu que « la religiosité

---

(1) A qui désire considérer de belles âmes chrétiennes, signalons les pénétrants *Portraits de croyants au dix-neuvième siècle*, de M. L. Lefébure, et *la Vie de l'abbé Rambaud*, que vient d'écrire un professeur au lycée de Lyon, M. J. Buche (avec une bien noble préface de M. Aynard).

(2) *Ouvrier syndiqué*, janvier 1907.

autrefois idéalisait ces jours de repos, leur donnait une certaine élévation »; soit, mais alors? Ou bien les explications sont vaines. A la terrible diminution de notre natalité, à la poussée des crimes, à la pornographie, aux suicides, que de peine on prend pour chercher mille causes au lieu de la vraie! Sur cette criminalité juvénile dont nous avons mesuré le déchaînement, un brillant avocat d'assises, M. Henri Robert, témoignait naguère, d'après son expérience, que, depuis vingt ans, la plupart des grands crimes ont été commis par de très jeunes gens, et que les accusés devant le jury de la Seine sont souvent des garçons de dix-sept à vingt ans. Et il entrevoyait le remède dans les Associations postscolaires... Hélas! pauvres remèdes! C'est encore le mot de Ruskin peignant « un peuple sans Dieu qui, du palais de son ancienne foi, tombe jusqu'aux pâturages où se nourrissent les bêtes : de l'orgueil à l'infidélité, de l'infidélité à la poursuite éhontée du plaisir, de là à la dégradation, les transitions furent aussi rapides que la chute d'une étoile » .....

*
* *

Nous voici au pied de la question posée par cette étude : un peuple peut-il avoir une vie morale saine, si ses guides éliminent de sa mentalité les conceptions religieuses et jusqu'aux racines du sentiment religieux?

Et nous sommes maintenant en droit de conclure : l'observation des faits, avec quoi d'ailleurs la raison est d'accord, répond que *non*.

Qui se flatte de donner à un peuple destitué de croyances supra-terrestres une morale dictée par la conscience ou la science se leurre et le perd. Car la masse des hommes ne peut conduire par là sa vie : même leur utilité, en supposant qu'on pût donner pour axe à la morale l'utilité, ils l'entendent mal.

Les philosophes qui ont cru le contraire sont réduits à constater ce qu'on a appelé l'*a-moralisme contemporain* sous les deux formes de sa sophistique, la jouissance sans frein ou la force brutale.

C'est pourquoi Le Play vit juste en classant au nombre des acquisitions nécessaires du premier âge « l'initiation aux croyances religieuses » comme « aux affections de familles et à l'amour du pays natal ».

Une religion pour les humbles? ricane-t-on. — Vieille et stupide objection, non-sens aux deux sens qu'on lui donne : 1° c'est dans les notions évangéliques de justice et de fraternité que l'amélioration du sort des faibles a son origine et son ferment; 2° l'Evangile, seul code d'égalité absolue, dicte leurs devoirs à tous et commine à tous ses sanctions : que tel riche l'enfreigne ou que tel raffiné de l'intelligence se fasse une philosophie religieuse à son usage, quel rapport cela a-t-il avec le point de savoir si le christianisme n'est pas synonyme de civilisation et de perfectionnement pour l'ensemble de l'humanité?

De notre première conclusion découle la deuxième : la conception que tout État doit se faire de ses devoirs au regard des religions.

Les tenir pour des erreurs vieillies, ou pour des forces antagonistes à vaincre, est pure niaiserie d'un radical de village. Si l'observation nous a démontré qu'un idéal religieux est une condition de la vie morale saine d'un peuple, et si un culte tangible est nécessaire à la sauvegarde de cet idéal, Luzzatti a raison de définir ainsi la mission de l'Etat sur ce point : « Maintenir inviolables tous ces foyers sacrés; se réjouir de ce qu'ils brûlent sans trêve pour la clarté des consciences et l'incitation aux vertus; protéger par le droit public la liberté de la conscience religieuse, en laquelle s'abrite la liberté de la science, l'une contenant le progrès moral, l'autre le progrès intellectuel. L'Etat qui ose entraver leur expansion se prépare de sûres catastrophes. »

« Nous ne l'entravons pas, » protestent les politiques, loyaux ou habiles, qui se défendent de vouloir porter la moindre atteinte à la liberté des croyances. Mais qu'ils y réfléchissent avec sincérité : 1° ce n'est pas respecter la liberté d'une confession que lui imposer « par l'action violente du gouvernement ou des lois » des règles d'existence différentes de celles qu'elle juge répondre seules à sa constitution ou à son indépendance ; 2° ce n'est pas « maintenir le foyer sacré » que créer autour de lui une atmosphère générale de suspicion, de discrédit, de mépris, de contraintes brutales, et présenter officiellement aux foules simplistes, sans souci des suites, ses dogmes comme des superstitions, ses ministres comme des coupables.

*
* *

Parmi tant de questions techniques des études sociales de ce temps, nous n'en rencontrerons aucune qui ait l'importance de celle-ci. L'habitation plus décente, le salaire plus garanti, l'épargne plus libre et plus féconde, la prévoyance mieux soutenue, le mutualisme mieux orienté, des assurances plus complètes, le crédit plus facile, l'accession plus favorisée à la propriété, oui : mais n'ayons pas l'illusion que le bonheur humain en soit la résultante forcée. Il dépend surtout de la vie morale, saine au cours normal des destinées, forte dans les épreuves inévitables.

En demandant à la méthode d'observation comment l'extinction du sentiment religieux influence cette vie morale, notre pensée allait aux sociologues et aux politiques. Même irréligieux, même a-religieux, ils peuvent méditer ce problème. Les dirigeants d'un grand pays le doivent.

Qu'ils ne l'imaginent point périmé. « Pendant que les positivistes et les agnostiques, dit Luzzatti, annoncent l'épuisement de la foi, elle est destinée à embraser de flammes nouvelles et pures l'âme des savants et des législateurs, en particulier pour la séparation des Eglises et des Etats, les organisations de la bienfaisance, l'enseignement religieux dans les écoles ; jamais ces sujets n'ont surgi plus brûlants, jamais la science du droit public n'en a plus fortement appelé à des solutions équitables capables de dominer les tendances oppressives des partis vainqueurs... Dans la première partie du vingtième siècle, l'activité législative de tous les Etats libres s'y dépensera. »

Si les responsables ne nous écoutent pas, qu'ils remarquent la démocratie suisse affirmant encore le 20 janvier 1907 par le plébiscite de Neuchâtel qu'elle entend conserver la morale religieuse à la base de l'éducation et ses chefs observant le jeûne fédéral, l'Allemagne remerciant la Providence dans le dernier rescrit de son empereur acclamé, le roi d'Angleterre allant prier dès son arrivée à Paris au temple de la rue d'Aguesseau, M. Roosevelt invoquant Dieu dans ses messages. Qu'ils considèrent la chaîne de penseurs croyants qui furent les précurseurs en pleine barbarie ou autocratie du mouvement social actuel, et cette suite à travers les âges aboutissant à l'élite philosophique d'aujourd'hui qui par la simple évolution de la pensée revient à la plus haute spiritualité. Qu'il serait digne de certains esprits de s'élargir, de se libérer de la vile phobie électorale, de reconnaître ces évidences, et quelle grandeur auraient de tels aveux !

Je me trouvais, un jour de cet été, dans un petit village pyrénéen, à 1.200 mètres d'altitude, et regardant l'humble église avec le paisible cimetière à son ombre, je songeais : va-t-on sinon la fermer, au moins traquer le pauvre curé qui dessert aussi par

un pénible binage le hameau voisin? Va-t-on ôter à
ces enfants qui paissent les brebis le catéchisme qui
leur apprend une règle de vie, à ces rudes monta-
gnards le peu d'idéal que leur apporte la messe du
dimanche, à ces épouses et à ces mères un rayon
d'espérance et de consolation dans leurs maux ou
leurs deuils? Quel but pourraient bien avoir, en faisant cela, et quels qu'ils fussent, des politiques?... Et
depuis cette insoluble interrogation muette, on a dû
afficher sur ces frustes vieux murs la grande Nouvelle, la disparition de toute lumière au ciel, surtout
sans doute de celle qui s'y réflétait du Calvaire...

Ce sont des impressions socialement redoutables
que celles dont on sature l'enfance et l'adolescence
populaires. L'irréligion agressive fait une jeunesse
anarchiste. C'est hier qu'un a-religieux de talent
écrivait: « Une société dont tous les membres seraient
des athées logiques finirait naturellement par une
épidémie de suicides (1). » Il y a deux ans, au Congrès de la Libre Pensée à Paris, un des *leaders* (2)
exposa ceci : « *Délivrer* l'humanité *des religions* ne
suffit pas, il faut encore *la délivrer des lois*. » Voilà la
réalité. Se peut-il que ceux qui travaillent à éliminer
les conceptions religieuses de la mentalité de ce
peuple ne soient pas troublés en pensant : que seront,
si nous continuons ainsi, les générations prochaines
de la France?

EUGÈNE ROSTAND.

(1) F. Le Dantec, *l'Athéisme*. Paris, Flammarion, 1907.
(2) M. Paraf-Javal, 5 septembre 1905.

LA RÉFORME SOCIALE

REVUE BI-MENSUELLE

Fondée par F. LE PLAY, en 1881.

Avec la collaboration de MM. Paul ALLARD, J. ANGOT DES ROTOURS, F. AUBURTIN, Albert BABEAU, Paul BAUGAS, BÉRENGER, A. BÉCHAUX, G. BLONDEL, V. BOGISIC, A. BOYENVAL, Victor BRANTS, J. CAZAJEUX, E. CHEYSSON, A. DES CILLEULS, A. DELAIRE, Ch. DEJACE, Ernest DUBOIS, E. DUTHOIT, F. et P. ESCARD, ETCHEVERRY, G. FAGNIEZ, FRANTZ FUNCK-BRENTANO, Albert GIGOT, Ernest GLASSON, GRUNER, HUBERT-VALLEROUX, J. IMBART DE LA TOUR, Henri JOLY, Armand JULIN, Charles LAGASSE, René LAVOLLÉE, Léon LEFÉBURE, Albert LE PLAY, Anatole LEROY-BEAULIEU, E. LEVASSEUR, Raphaël-Georges LÉVY, Paul DE LOYNES, DU MAROUSSEM, A. MOIREAU, Georges PICOT, O. PYFFEROEN, A. RAFFALOVICH, J. RAMBAUD, Eugène ROSTAND, René STOURM, Victor TURQUAN, J. VANDEN HEUVEL, Maurice VANLAER, etc., etc.

La Réforme sociale étudie les problèmes économiques et sociaux qui tiennent aujourd'hui le premier rang dans les préoccupations de l'opinion publique. Elle en demande la solution à l'observation des faits et à la pratique des lois morales, selon la méthode de F. Le Play, en dehors de tout esprit de parti et de toute théorie préconçue. Elle préconise tout un ensemble de reformes dont le cours des événements démontre de plus en plus l'urgente nécessité, et auxquelles se rallient chaque jour les esprits les plus éminents. Grâce à la sympathie grandissante que lui a témoignée le public éclairé, elle a pu, en commençant sa troisième série, prendre des développements considérables.

La Réforme sociale parait le 1ᵉʳ et le 16 de chaque mois par fascicule in-8° de 80 pages, et forme par an deux forts volumes de 900 à 1 000 pages chacun, complétés par des tables analytiques.

Une bibliographie méthodique analyse, au point de vue social, tous les recueils périodiques importants de la France et de l'étranger, aiusi que les publications nouvelles. Par cette innovation, *la Réforme sociale* est devenue le guide le plus utile pour ceux que leur profession ou leurs études obligent à être rapidement et sûrement renseignés sur le mouvement social contemporain.

Conditions d'abonnement. — France, un an **20** fr.: six mois, **11** fr. — Union postale : un an, **25** fr.; six mois, **14** fr. — En dehors de l'Union postale, port en plus.

Les membres des Unions de la Paix sociale reçoivent *la Réforme sociale* en retour de leur cotisation annuelle de **15** fr.

Bureaux: Rue de Seine, 54.

BULLETIN DE SOUSCRIPTION

Le Comité recevra avec reconnaissance les souscriptions destinées à couvrir les frais de sa propagande, tant à Paris qu'en province. Les souscripteurs ayant versé **20** francs et au-dessus recevront toutes les publications du Comité. — La liste des souscripteurs ne sera pas publiée.

Je soussigné (nom et adresse lisibles) _________

____

____

mets à la disposition du Comité la somme de _________

____

jointe au présent bulletin en mandat, bon ou chèque; ou bien : que le Trésorier pourra faire toucher à mon domicile, à partir du _________

____

(Date et Signature)

Adresser les Bulletins de Souscription à M. A. Béchaux, Secrétaire-Trésorier du Comité, *rue de Seine, 54, à Paris.*

PARIS. — IMPRIMERIE P. LEVÉ, RUE CASSETTE, 17.

9 782016 166000